Guía de Acciones y Bonos de Wall Street para Principiantes:

Como Invertir en el NYSE, NASDAQ y OTC-Penny Stocks

Herman Vincent

Copyright © 2018 de Herman Vincent

Derechos Reservados.

Ninguna parte de este libro puede ser reproducida en cualquier forma sin permiso escrito del autor. Pasajes breves pueden ser citados solo para fines de revisión.

Declaración

Aunque al momento de la impresión, el autor y editor han hecho todo el esfuerzo posible para asegurarse que la información en este libro sea correcta, el autor y editor no asumen ninguna responsabilidad y quedan exentos de cualquier responsabilidad por perdida, dado o problema ocasionado por errores u omisiones, ya sea que tales errores u omisiones sean el resultado de negligencia, accidente o cualquier otra causa.

Este libro no es intencionado como un sustituto para la recomendación médica de doctores. El lector debe consultar un doctor regularmente en cuanto a los asuntos relacionados con su salud, y particularmente, con respecto a cualquier síntoma que pueda requerir diagnostico o atención médica.

Los puntos de vista expresados son únicamente del autor y no deben ser considerados como instrucciones ni ordenes de un experto. El lector es responsable por sus propias acciones.

La adhesión a todas las leyes y regulaciones aplicables, incluyendo internacionales, federales, estatales y de gobierno de licencia profesional local, las prácticas comerciales, la publicidad y todos los demás aspectos de hacer negocios en los Estados Unidos, Canadá, o cualquier otra jurisdicción, es responsabilidad exclusiva del comprador o lector.

Ni el autor ni la casa editorial asumen ninguna responsabilidad u obligación legal alguna en nombre del comprador o lector de este material.
Cualquier percepción de alguna ofensa a cualquier individuo u organización es completamente no intencionada.

Tabla De Contenidos

Prefacio

Introducción

Capítulo #1: Bolsa De Valores 101

Capítulo #2: Un Vistazo General A Las Acciones Y Los Bonos

Capítulo #3: Las 2 Claves Para Invertir En Acciones

Capítulo #4: Consejos Generales Y Riesgos Potenciales

Capítulo #5: Conceptos Comunes Para Recordar

Capítulo #6: Cómo Abrir Una Cuenta De Corretaje

Capítulo #7: Eligiendo Su Acción

Capítulo #8: Penny Stocks

Capítulo #9: Cómo Hacer Su Primer Intercambio

Capítulo #10: Comprando Penny Stocks Por Primera Vez

Capítulo #11: Estrategias De Inversión Para Principiantes

Capítulo #12: Consejos De Profesionales En Compraventa De Penny Stocks

Capítulo #13: Ganando Dinero En Tiempos Difíciles

Capítulo #14: Conclusiones

Prefacio

Antes de que comience a leer lo que podría cambiar su vida y la de su familia, sólo quiero agradecerle por comprar este libro. Como autor, es un gran honor, y mi única esperanza es que encuentre la información y motivación que está buscando. Espero que su inversión de tiempo y dinero valgan la pena.

También quiero pedirle una cosa muy sencilla, pero que muy importante para mí:

Si le gustó lo que leyó, por favor escriba una reseña honesta en Amazon. Vaya a la página del libro (donde lo compró), desplácese hacia abajo, hasta la sección de reseñas, y escriba qué pensó del libro y dele una calificación. Amazon jerarquiza los libros publicados en el sitio y las reseñas de los usuarios son una parte muy importante de este proceso, así que cualquier comentario que pueda dar importa, y si es positivo, ¡mucho mejor!

Gracias una vez más, ¡y continuemos!

Introducción

La bolsa de valores puede ser un lugar confuso -e intimidante- para principiantes como usted.

¿Qué es una acción? ¿Qué es un bono? ¿Cómo debería comenzar? ¿Cuáles son los riesgos? ¿Cómo puede aumentar sus probabilidades de triunfar?

Hay tanto para aprender, tantos términos nuevos, tantas estrategias que entender.

Este libro tiene como objetivo esclarecer todo esto y darle una visión concreta de lo que debe saber para comenzar -incluso si no tiene idea de qué es una acción o cómo puede invertir en una.

Después de terminar este texto, tendrá una mejor idea de qué ocurre en este mundo y se sentirá con más confianza de echarle un vistazo -y de comenzar a invertir como debe ser.

Porque, realmente, invertir en la bolsa no tiene por qué ser confuso. No tiene que dar miedo. Y las recompensas pueden ser ENORMES.

Y mientras más temprano comience -armado con el conocimiento suficiente-, mejores serán las probabilidades de tomar decisiones inteligentes y obtener mejores ingresos en el futuro.

Si invierte inteligentemente, podrá hacer que su dinero llegue muy lejos -lo que es excelente en esta época, en la que los ingresos de las cuentas bancarias de ahorro son tan bajos.

Invertir en la bolsa es una alternativa para cultivar su fortuna y percibir mejores ingresos que con bonos y propiedades inmobiliarias.

Ahora, debo advertirle y hacer el siguiente descargo de responsabilidad: este libro no es una herramienta de inversión, ni su contenido debe tomarse como consejo profesional, así que tome lo que lea con un grano de sal. Haga sus propias investigaciones antes de invertir o de arriesgar cualquier monto de dinero en la bolsa de valores. Solo ofrecemos información útil que pueda ayudarle a comenzar en el fascinante mundo de las inversiones.

Así que continuemos, ¡aprenda las reglas básicas de la inversión!

Capítulo #1: Bolsa De Valores 101

¿Cómo funciona el mercado de valores?

Antes de sumergirnos en el deslumbrante mundo de las acciones, sería de gran ayuda explorar primero los puntos básicos de la bolsa de valores, o mercado bursátil, para que pueda comprender cómo funciona.

Cuando una compañía como Facebook decide cotizar en bolsa, hace una OPI u "Oferta Pública Inicial". Ésta es la señal para que el resto del mundo sepa que la empresa está lista para ofrecer acciones a cambio de capital de sus inversores.

¿Cuáles son los beneficios del mercado de valores?

Las corporaciones y otros grandes negocios se benefician del mercado bursátil porque ganan acceso a una fuente de capital mucho mayor sin tener la necesidad de producir el dinero por su cuenta. A cambio de grandes sumas de capital acumulado, las compañías otorgan acciones de la compañía misma a sus inversores.

La mayor ventaja de invertir en la bolsa de valores es que usted no debe fundar un negocio propio para generar su dinero. Solo tiene que invertirlo e intercambiarlo (vender/comprar) frecuentemente y crecerá más allá de lo que piensa.

El riesgo de este negocio es que puede perder sus inversiones si los precios de las acciones caen drásticamente. Éste es el peligro principal, ya que el mercado accionario suele ser volátil y las cosas pueden dar un giro en cuestión de días.

Sin embargo, si no está invirtiendo millones de dólares (no aun, al menos), todavía puede intercambiar en la bolsa usando un software especializado desde casa y estudiando cuidadosamente el mercado, día tras día.

¿Cómo está diseñado o estructurado el mercado de valores?

Esencialmente, el mercado de valores está dividido en dos secciones principales: el mercado primario y el secundario. Los peces gordos (quienes negocian con millones de dólares) suelen operar directamente con entidades bancarias.

Un "pez gordo" puede ser una organización privada o una corporación que busca aumentar

su capital a través de la compraventa estratégica de acciones de otras compañías.

Los mismos bancos son inversores en muchos casos, y también monitorean el mercado para encontrar fluctuaciones y cambios. Cuando una compañía "se hace pública" al cotizar en bolsa y difundir su OPI, los peces gordos, o inversores e instituciones van en tropel a los bancos para comprar grandes cantidades de acciones comunes.

Ocurren aún más negociaciones con el resto de las acciones en el mercado secundario, que es la bolsa de valores, como el Mercado Bursátil de Nueva York (NYSE). La bolsa de Estados Unidos ha existido por un largo tiempo y, afortunadamente, las inversiones en ella se han vuelto muy convenientes hoy en día gracias a la validez de los negocios electrónicos.

Antes de la era electrónica, la gente intercambiaba con trozos de papel y la comunicación era realizada principalmente a través de llamadas telefónicas entre corredores de bolsa y los inversores.

Ahora puede crear su pequeña oficina doméstica y supervisar el comportamiento de su cartera de valores gracias a cualquier software de comercio bursátil, cuya disponibilidad es más que variada en Internet.

Debido al volumen de las corporaciones y compañías pequeñas que ofrecen sus acciones comunes al mercado, éste se ha segmentado para que su monitoreo y comprensión sean más sencillos.

El mercado tiene índices de comportamiento muy importantes, como el Promedio Industrial Dow Jones. Estos índices se actualizan diariamente para que los inversores puedan tener una idea de cómo le está yendo a los grupos de compañías. Las tendencias también se generan con base en las estadísticas presentadas por los índices.

Comprender las tendencias es sumamente importante para los inversores bursátiles primerizos. Si no entiende las mayores tendencias, dentro de los mayores segmentos del mercado, es imperativo que estudie más la bolsa antes de invertir cualquier monto grande de dinero. Este paso adicional es necesario para que pueda protegerse de pérdidas económicas prevenibles.

¿Por qué invertir en el mercado de valores?

Este mercado ha existido por muchas, muchas décadas, y todavía no muchos entienden cómo funciona, y cómo pueden generar ganancias intercambiando acciones.

Si tiene una pequeña suma de dinero separada de sus ahorros o su plan de jubilación, y quiere hacer que crezca estratégicamente invirtiéndola, entonces la bolsa es uno de los mejores lugares para explorar.

El mercado accionario es el sello distintivo de la economía de libre mercado y, a pesar de la mala publicidad que se le ha hecho cada vez que algo sale mal con la economía, la bolsa sigue siendo una plataforma viable para inversores (grandes y pequeños) porque, simplemente, funciona.

¿Qué son las acciones?

El mercado de valores nació por la necesidad de compañías y conglomerados de generar capital para poder crecer y expandirse progresivamente. Cuando una empresa comienza, el dinero utilizado como capital suele venir de ahorros o préstamos de instituciones financieras, individuales y entidades.

Cuando una compañía empieza a expandirse gracias a un incremento en su rentabilidad, su necesidad de capital también empieza a crecer exponencialmente.

Sería incómodo pedir prestados cientos de millones de dólares a individuos y regatear con otras compañías para que compren acciones de la propia sería tedioso e ineficiente. Así nació el concepto del mercado bursátil: un espacio público en el que se pueden cambiar acciones de diferentes compañías con total libertad.

Las ganancias principales que se adquieren al invertir en acciones públicas son dividendos. Las empresas que ofrecen acciones públicas pagan dividendos a sus inversores.

¿Cuál es el papel principal de los inversores?

Ellos no son "compradores fantasmas" o capitalistas invisibles que no tienen opinión sobre lo que pasa en la compañía. Si una compañía ofrece 300,000 acciones y una institución invierte en 150,000 de ellas, entonces esa institución posee la mitad de la compañía.

Al hacer una OPI de acciones públicas, compañías como Facebook o Google pueden recolectar montos masivos de capital (estamos hablando de billones de dólares) en la bolsa de valores.

Evidentemente, cuando una compañía comienza a generar altas ganancias y agarra impulso en sus mercados objetivo, el valor de sus acciones públicas aumenta.

Las empresas robustas que producen ganancias constantemente son atractivas para los inversores, especialmente si las proyecciones de la compañía a largo plazo también son favorables. Ahora, debe acotarse que es muy inusual que una entidad u organización compre todas las acciones públicas de una empresa.

Esto suele ocurrir solamente cuando se discute una adquisición u ocurre una fusión de compañías. Aprenderá sobre estos cambios estructurales de empresas cuando comience su viaje como inversor bursátil.

¿Cómo se pierde dinero en el mercado de valores?

Puede perder dinero si el valor de las acciones en las que invirtió cayó por alguna razón. Si invirtió en 300 acciones de la Compañía B, a $25 cada una, perderá dinero si se aferra a ellas aunque su valor descienda a menos de $25, que fue su inversión inicial.

El obstáculo principal de muchos inversores primerizos es el hecho de que, en la bolsa, estos cambios pueden ocurrir bruscamente. Así que, si no es perspicaz y observador, puede perder dinero si no compra y vende estratégicamente su cartera de valores para ganar dinero. Como mencioné anteriormente, la bolsa de valores no es un juego ni perdona a los inversores descuidados.

Ésta es la razón principal por la que incentivo a la gente a utilizar programas de simulación antes de comenzar a invertir realmente. Así, pueden ver por sí mismos lo volátil y dinámico que puede ser el mercado bursátil.

Si practica con dinero real en la bolsa, siempre existirá el riesgo de perder algo de él o, en algunos casos, todo.

Tenga cuidado cuando un sitio web o un libro le diga que no hay riesgo en el comercio de acciones. Todo instrumento y sistema de inversión conocido en el mundo tiene un factor de riesgo. ¡Sea un inversor informado!

¿Qué son las ganancias y pérdidas de capital?

El dinero que invierte en la bolsa de valores se llama "capital". Como mencioné antes, si a su cartera o colección de acciones de compañías públicas les está yendo bien, usted genera dinero al incrementar el valor total del portafolio o al vender sus acciones.

Cuando las venden para conseguir ganancias, este ingreso se llama "ganancia de capital". Por otro lado, si el valor de sus acciones cae descontroladamente y no pudo detenerlo, eventualmente tendrá que vender sus acciones e incurrir en una "pérdida de capital".

¿Qué hace que el mercado de valores funcione y por qué debería invertir en él?

Si está interesado en comprar y vender acciones para generar dinero, pero no tiene idea de cómo funciona el mercado, ¡entonces eligió el libro correcto!

Este texto fue diseñado para comerciantes principiantes que están interesados en acciones de micro capitalizaciones, o penny stocks. Antes de comenzar nuestra exploración de las penny stocks, es imperativo que revisemos cómo funciona la bolsa en líneas generales, para que tenga un mejor concepto de en qué se está metiendo.

Es un hecho que muchos manuales instructivos muestra al mercado bursátil (ej. Bolsa de Nueva York) como una utopía financiera en la que las fortunas se generan de la noche a la mañana.

Bueno, déjeme ser el primero en decirle que sí, puede ser un lugar excelente en el que invertir su dinero excedente, pero, no es una utopía. Invertir en acciones de compañías y comerciar sus inversiones para ganar dinero requiere análisis y mucho trabajo.

Los comerciantes no ganan dinero del mercado accionario en "piloto automático", como dicen algunos libros. Aquellos que sí ganan montones de dinero lo hacen gracias a un conocimiento profundo de las tendencias de corto y largo plazo del mercado.

Dominar las tendencias de la bolsa requiere años de práctica y acercamiento continuo al mercado en sí. Si no ha comenzado su primer día de inversión en la Bolsa de Nueva York, o cualquier otro mercado, no le recomendaría que esperase ganancias altas de la noche a la mañana.

¿El comercio de acciones es un método "hazte rico rápido" para generar ganancias?

Me han hecho esta pregunta innumerables veces, sin duda debido al incremento de productos informativos en Internet que garantizan ganancias en plazos cortos. No quiero aguarle la fiesta a nadie, pero, si hay algo que los comerciantes han aprendido de eventos económicos en el pasado, es a <u>nunca invertir todo</u> en la bolsa de valores.

Un comerciante puede perder su inversión fácilmente, incluso cuando las acciones están en una tendencia ascendente, si no planea bien su negocio. Si un evento como el DOTCOM, de mediados de los noventa, ocurre de nuevo, estaríamos presenciando un derrumbe catastrófico del mercado bursátil que tendría secuelas a nivel global.

El punto es que la bolsa de valores, como cualquier otro mercado artificial, está sujeto a las mismas tensiones económicas que sufren los negocios y mercados ordinarios del mundo real. La bolsa está conectada a la economía general y esta conexión la hace vulnerable a cambios descendentes súbitos.

Si quiere describir al mercado accionario en una palabra, le sugeriría "dinámico" y hasta "incierto". Sus tendencias <u>nunca</u> se quedan inmóviles y todo está moviéndose, 24 horas al día, 7 días a la semana.

Cuando grandes inversores empiezan a verter su dinero en el mercado, todo se reorganiza para equiparar ese volumen de dólares, lo que puede incrementar o disminuir el valor del portafolio de un inversor.

Como puede ver, no hay forma de que el mercado de valores pueda ser una tierra utópica, como muchos lo perciben. Es un lugar en el que generar ganancias es duro, pero cuando finalmente "se hace amigo" de él y entiende cómo funciona, podrá empezar a crear riquezas que jamás creyó posibles.

Capítulo #2: Un Vistazo General A Las Acciones Y Los Bonos

Cuando comience a invertir en acciones, es necesario que conozca la diferencia entre los dos tipos principales: "Acciones comunes" y "Acciones preferentes".

Existen otros tipos, como las "acciones productoras de crecimiento" y "acciones productoras de ingresos", pero no entraremos en detalles sobre ellas.

Tanto las acciones comunes como las preferentes tienen sus ventajas y desventajas, así que es buena idea conocer sus diferentes antes de invertir.

¿Qué son las acciones?

Antes de analizar detalladamente las acciones comunes y preferentes, tal vez sea momento de explicar que exactamente son las acciones.

Esencialmente, cuando compra acciones, está haciendo una inversión de capital en una compañía. Cada acción representa una propiedad parcial en una corporación, y esto le atribuye a usted parte de sus activos y ganancias.

A las acciones también se les denomina "patrimonios" o "valores".

Antaño se emitían los certificados de acciones de papel a los propietarios de acciones, que especificaban las acciones que tenían. Hoy día las cosas son electrónicas, así que no espere ningún certificado elegante.

Tomando en cuenta que usted se vuelve un propietario parcial del negocio, debería tratarlo como tal. Eso significa que no debe comprar ninguna acción hasta que comprenda bien sus fundamentos.

Y es aquí donde las acciones comunes y preferentes entran en acción.

Acciones comunes

Cuando compra una acción común, obtendrá derechos de voto dentro de esa compañía particular, así que su opinión sobre cómo la compañía opera tendrá peso.

Sin embargo, no se garantiza que se le vayan a pagar dividendos.

La mayoría de las compañías venden acciones comunes, que a veces se ven como una acción pura. Los inversores eligen acciones comunes más a menudo -la principal para esto es que tienen más potencial de generar ingresos mayores.

Suele ganarse más dinero con acciones comunes porque el factor principal que influye en la generación de ganancias en la bolsa es la apreciación de los precios.

Acciones preferentes

Si invierte en acciones preferentes, no tendrá derechos de voto, pero usualmente se le garantizará el pago de dividendos.

Las acciones preferentes no fluctúan tanto como las comunes y, por lo tanto, son una buena opción para los inversores reacios al riesgo. Y ya que una compañía pagará dividendos a accionarios preferentes antes que a los comunes, esto es un punto atractivo.

Adicionalmente, si la compañía cae en bancarrota, usted tendrá derecho a los activos antes que los accionarios comunes.

Dos formas de ganar dinero con acciones

Las dos maneras principales de ganar dinero con acciones son:

1. Dividendos
2. Apreciación de los precios

Los dividendos son las ganancias compartidas de una compañía. Si es propietario de un número de acciones, ganará un monto determinado por cada una (usualmente mucho menos que el precio de la acción).

Es bueno tener dividendos, ya que pueden ser un ingreso estable.

La apreciación de los precios ocurre cuando le va bien a la compañía y más inversores deciden tener porciones de ésta. Esto es oferta y demanda básica: el precio sube - así que su acción aumenta en valor. Al venderla, tendrá una ganancia.

En términos generales, si está buscando ingresos, los dividendos son una buena opción. Pero si está buscando un crecimiento a largo plazo, su mejor alternativa es la apreciación de los precios.

¿Y qué hay de los bonos?

Los bonos son diferentes a las acciones. Ya que este libro es sobre lo segundo, no abordaremos los bonos con mucho detalle, pero igual es una buena idea tener un concepto general de la diferencia entre ambos.

Cuando compra un bono, usted no se convierte en propietario parcial de la compañía, como con las acciones. En su lugar, esencialmente, usted le presta dinero a una compañía (o país).

Los países emiten bonos cuando quieren recolectar dinero y estos son, en esencia, préstamos. También maduran en fechas determinadas y a una tasa porcentual prometida por el prestador.

Así que los bonos pueden ser una buena inversión porque tienen fecha y tasa. No obstante, no solo quiere tener bonos -y las acciones los superarán a largo plazo.

Capítulo #3: Las 2 Claves Para Invertir En Acciones

Lo primero que debe se debe saber sobre las inversiones bursátiles es la diferencia entre los dos tipos principales de inversión: directa e indirecta.

Éstas son las dos formas de las que puede acceder a la bolsa de valores, y puede que prefiera una sobre otra cuando esté comenzando.

Invertir directamente en la bolsa

El término "directamente" se refiere a la compra de acciones de una compañía particular.

Cuando hace esto, usted se convierte en un accionista -o propietario parcial- de la compañía (incluso si esa parte es mínima).

Para hacerlo, usted empleará los servicios de un corredor. Algunos corredores especialistas le aconsejarán en cuáles acciones invertir y cómo hacer para que su inversión crezca.

Sin embargo, también puede ir directamente a una cuenta de corretaje en línea. Éstas son cuentas de

Internet en las que puede invertir sin recibir ningún tipo de ayuda.

A través de dichas cuentas, puede comprar acciones directamente desde su computador personal, y también venderlas. Veremos más sobre estas opciones más adelante.

Invertir directamente le permite comenzar a negociar con acciones individuales sin tener que verter mucho dinero al comienzo. Si quiere mantener sus costos bajos mientras aprende a moverse en el mercado bursátil, esto podría ser lo que busca.

Puede también comprar acciones de una compañía de su preferencia -tal vez una con las que ya se familiarizó- y ver qué ocurre.

Invertir indirectamente en la bolsa

Esta es una manera mucho más común de acceder a las acciones y, de nuevo, tiene beneficios para los principiantes que no conocen tanto el concepto de las inversiones.

La diferencia con las inversiones directas es que usted no compra acciones en una sola compañía, sino que invierte en varias a la vez. La forma más usual de hacerlo es con un fondo de inversiones abierto.

Este fondo estará compuesto de acciones de una variedad de compañías -tal vez hasta 100 empresas diferentes, pero esta cifra varía.

A veces, estas empresas operan en un sector específico, o incluso un país específico. A veces, no.

El beneficio de utilizar este tipo de fondo para invertir directamente es que mitiga los riesgos del negocio. Si solo invierte en una compañía, sus inversiones están atadas al desempeño de esa única empresa.

Si invierte en una selección de compañías y una de ellas empieza a experimentar problema, esto no afectará su inversión de una forma tan dramática.

Un fondo de inversiones no es la única vía para invertir indirectamente. También puede acudir a una compañía de inversiones.

Una compañía de inversiones se diferencia de un fondo por su estructura. Una compañía está diseñada como una empresa. Está en un índice como cualquier otra, y usted esencialmente compra acciones en ella.

Otra opción para invertir indirectamente es en un fondo cotizado (ETF, por su nombre en inglés). La gran diferencia con los fondos cotizados es que son, principalmente, pasivos y son una suerte de réplica de un índice (como el FTSE 100).

Suelen ser más baratos que los fondos y las compañías de inversiones. Usted no paga por los servicios de un gestor de fondos, pero si el índice cae, su inversión le seguirá.

¿Cuál es una buena opción para principiantes?

Su pregunta principal en este momento debe ser: ¿cuál es la mejor opción para un principiante como yo?

Tal vez la mejor sea comenzar con un fondo de inversiones colectivas. Haciendo esto, puede utilizar el poder de compra colectivo del fondo y reducir las cargas en una cartera de valores pequeña.

Otro beneficio es que el fondo estará bajo el cargo de un gestor. Él comprará y venderá acciones por usted, ahorrándole la necesidad de tomar decisiones de inversión complicadas.

También elegirán las acciones del fondo, así que tendrán la dirección del desempeño del mismo. Existe poca participación de parte de usted, y también puede elegir un perfil de riesgo con el que se sienta cómodo.

Entonces, puede monitorear al fondo, ver qué ocurre y familiarizarse con su funcionamiento -y sin tener que invertir grandes cantidades de dinero.

Sin embargo, no descarte las inversiones directas. Puede investigar a una compañía, determinar si le parece una buena opción, y comprar acciones en ella sin necesidad de invertir mucho dinero.

Esto será explicado en el libro más adelante.

En un futuro, cuando tenga más conocimientos sobre inversiones, puede investigar sobre otros sistemas más complejos -y riesgosos- como el spread betting y el day-trading.

Por ahora, dejémosle esto a los profesionales.

Capítulo #4: Consejos Generales Y Riesgos Potenciales

Ahora que vimos las dos opciones principales para invertir, es oportuno recordar que el mercado accionario tiene sus riesgos.

Aunque puede disfrutar de grandes éxitos financieros al invertir en la bolsa, querrá hacerlo con cuidado al comienzo.

Determine metas específicas

Si solo quiere experimentar por el momento, está bien. Invierta una pequeña cantidad de dinero indirectamente a través de un fondo colectivo o en una compañía, y véalo como un experimento.

Perro cuando decida invertir seriamente, debe, sin duda, establecer una meta específica. Pero, ¿cual podría ser?

Esto depende de lo que usted quiera lograr, por cuánto tiempo quiere invertir y cuántos riesgos está dispuesto a tomar.

Decidirse por una meta le ayuda a orientarse y guiar las decisiones que toma cuando llega la hora de elegir qué inversiones le convienen más.

Tener un objetivo le permite desarrollar un plan, que a su vez evita que se pierda y tome malas decisiones basadas en emociones, y no en información y cifras concretas.

La meta final para muchos inversores es obtener su independencia financiera. Esto significaría ganar lo suficiente por medio de inversiones, como para tener ingresos anuales de los que vivir.

Siempre y cuando invierta sabiamente, y lo haga a largo plazo, esto es perfectamente alcanzable.

Por ejemplo, puede concentrarse en acciones estables que paguen buenos dividendos. Lo demás será cuestión de decidir cuánto debe invertir en el transcurso de los siguientes 10, 20 o 30 años para poder empezar a ganar ingresos anuales fijos.

Así que decida cuánto quiere ganar, pero tenga expectativas realistas.

Investigue el fondo minuciosamente

Si opta por invertir en un fondo colectivo, a largo plazo, y planea hacerlo en serio, asegúrese de investigarlo a profundidad.

Procure entender su estructura, y revise sus registros y bases de datos. Es en estos documentos en los que aparecen todos los detalles que debe conocer. Así que en vez de distraerse por todas las maravillas que le dice el fondo, vea los registros.

Además, investigue los costos implicitos, ya que pueden variar mucho. Los fondos que cobran tasas altas, evidentemente, afectarán sus ingresos, así que siempre compare los cobros.

Obtenga orientación independiente

Tiene sentido buscar consejos independientes al comienzo de su carrera de inversión. Aproveche su tiempo para buscar a un asesor financiero independiente que pueda orientarlo en su toma de decisiones.

Ellos pueden ayudarle a determinar una meta o, si ya la tiene, decirle cuál es la mejor forma de alcanzarla.

Invierta lenta y constantemente

Puede que lo más importante de recordar es que invertir en la bolsa no es un camino a una fortuna instantánea. Debería involucrarse en este negocio a largo plazo, porque así es como generará ganancias de verdad.

Al comenzar, invierta poco, pero a menudo, para reducir los riesgos. Y si el mercado cae, sus inversiones no se verán tan afectadas.

Siga haciendo esto regularmente, tomando decisiones según lo que aprenda con el pasar del tiempo y sin intentar hacer mucho dinero rápidamente.

¿Cuánto es una buena ganancia promedio? Puede variar desde 8% hasta 12%, o más. Si ve ganancias mucho mayores, piense mucho antes de invertir - será, sin duda alguna, más riesgoso.

Cuando haya invertido, aférrese a ellas. Intente llegar por lo menos a cinco años, como tiempo mínimo de inversión.

Esto no significa abandonarlas y olvidarlas -desde luego, debe tenerlas en la mira y revisarlas al menos dos veces al año para asegurarse que se están comportando como usted espera.

Pero manténgalas bajo su brazo si quiere tener las mejores probabilidades de ganar.

Entienda los riesgos de invertir

Finalmente, debe recordar que invertir en el mercado bursátil tiene sus riesgos -pero hay riesgos buenos y malos. Algo que escuchará mucho es el concepto de "tolerancia al riesgo".

Es imperativo que conozca cuál es su tolerancia al riesgo -la cantidad de riesgo que está dispuesto a tomar. Más riesgos suele significar más potencial de ganancias, pero puede que no quiera arriesgarse tanto con su dinero.

También escuchará sobre distintos tipos de riesgo, incluyendo:

- **Riesgo sistémico** - éste es el riesgo asociado con la descomposición de un mercado. Algo como la Gran Depresión. Es el riesgo más grande para los inversores, y es muy difícil de prevenir y manejar.

- **Riesgo de mercado** - ésta es su exposición al mercado. Por ejemplo, si el Nasdaq 100 (u otro índice) sube y su portafolio le sigue, tiene riesgo de mercado hacia ese índice.

- **Riesgo de extrapolación** - aquí, se utilizan tendencias históricas para predecir precios futuros. Si una acción subió 15% en los últimos seis años, es de asumir que arriesgará la misma cifra. Sin embargo, no hay garantía de que así sea, por lo que esto es un error de novato fácil de cometer.

Hay otros tipos de riesgo que no veremos detalladamente:

- Riesgo de tasa de interés
- Riesgo crediticio
- Riesgo de contraparte
- Riesgo de estimación

Por ahora, cuando comience, tan solo tome en cuenta que hay riesgos involucrados y decida qué tan dispuesto está a arriesgarse.

Capítulo #5: Conceptos Comunes Para Recordar

Antes de invertir, querrá familiarizarse con algunos términos. Los escuchará frecuentemente de otros inversores y podrá evitar grandes confusiones si conoce qué significan de antemano.

Los que veremos a profundidad aquí son tres estados o declaraciones financieras:

- Estados de resultados
- Balance general
- Estados de flujo de caja

Estados de resultados

Una de las dudas más comunes que aparecen al decidirse por una compañía en la cual invertir es: ¿Genera ganancias?

Los ingresos son las ganancias de la empresa, y se verán reflejados en un importante documento financiero: El estado de resultados.

A veces se le denomina estado de pérdidas y ganancias (P&L, en inglés) porque los ingresos pueden ser una ganancia o una pérdida.

Las ganancias son, básicamente, los ingresos menos los gastos. Bastante simple. Las cifras más importantes en el estado son los ingresos netos, que pueden tener grandes efectos en el precio de las acciones de la compañía.

Al ingreso neto se le suele llamar "balance", y tiende a estar al final del estado de resultados.

Desafortunadamente, no es tan simple como revisar el balance y ya. Para entender completamente al estado y tomar decisiones de inversión con base en él, también debe considerar el BPA, el RPG y los márgenes de utilidad.

- **BPA** significa Beneficio Por Acción. No especifica qué tipo de dividendos obtendrá usted, pero es una buena forma de comparar compañías.

- **RPG** es la Relación Precio/Ganancia, una excelente medida que pueda utilizar para fundamentar sus decisiones de inversión (aunque una relación pobre no necesariamente significa que no deba invertir).

- **Los márgenes de utilidad** pueden ser brutos o netos. Puede usarlos para ver las ganancias como un porcentaje de los ingresos. Es simple: un margen neto bajo no es tan bueno como uno alto.

Balance general

Éste estado es particularmente útil para los inversores. Seguramente escuchará a otros comerciantes mencionarlo todo el tiempo.

Cuando se familiarice con los balances generales, se dará cuenta de cuán útiles son en realidad. En pocas palabras, puede utilizarlos para analizar una empresa, lo que le ayudará a decidir si comprar su acciones o no.

Un balance general está compuesto de dos secciones:

1. Activos
2. Pasivos y capital contable

Los activos son, básicamente, cualquier propiedad de la compañía con un valor financiero. Esto puede ser efectivo, inventario, equipos, cuentas por cobrar y más.

Los pasivos son cómo la compañía paga por esas cosas (ej. con préstamos y emisión de bonos).

El capital contable son las acciones de la compañía como ganancias retenidas, que son los ingresos que la compañía conserva de sus operaciones.

Es importante que sepa cómo leer un balance general para que tome decisiones con base en su información.

Por ejemplo, usted puede notar que una empresa tiene muchos activos, lo que parece algo bueno. Sin embargo, puede tener demasiados activos. Esto podría indicar que está emitiendo demasiadas acciones.

De la misma manera, los pasivos no siempre malos. Después de todo, pedir prestado o endeudarse es parte de lo que significa hacer negocios.

Así, usted tiene que analizar estas realidades para ayudarse a decidir si invertir o no.

Los balances generales son algo complejo y toma tiempo acostumbrarse a ellos. Por ahora, empiece a estudiarlos para buscar patrones. Quizás quiera buscar alguna opinión experta que le ayude a familiarizarse con ellos y como interpretarlos.

Estados de flujo de caja

El efectivo es algo esencial para la mayoría de las empresas y los estados de flujo de caja son otra declaración financiera importante. No obstante, parece ser el menos comprendido.

El flujo de caja es, básicamente, el dinero que entra y sale de una compañía. Los estados muestran las transacciones por secciones que muestran a qué se relacionan las transacciones (o actividades).

Todas le dirán algo sobre la empresa, pero lo que usted quiere ver es que entre más dinero de lo que sale (más ingresos que egresos).

A pesar de esto, no se desaliente si éste no es el caso. A veces gastar dinero es esencial para la compañía funcione a largo plazo.

Capítulo #6: Cómo Abrir Una Cuenta De Corretaje

Ya se está acercando a su primera inversión accionaria, pero aquí nace la pregunta: ¿Cómo, exactamente, compra una acción?

Tendrá que hacerlo a través de un corredor de bolsa, por lo que debe abrir una cuenta de corretaje. Aquí le mostramos qué debe saber para elegir a un buen corredor y abrir su cuenta.

Eligiendo a un corredor

Existe varias firmas de las que elegir cuando busca a un corredor, y elegir la correcta no siempre es fácil.

Obviamente, todas le dirán que son la mejor y que le darán mayores ingresos que su competencia, así que es importante que investigue personalmente antes de tomar acción.

Se dará cuenta de que algunas no le permiten abrir una cuenta porque la cantidad de dinero que quiere invertir es muy baja. Si el balance mínimo de la cuenta es demasiado, ya sabe que es una opción descartable.

¿Cuál es el balance mínimo más común? Usualmente se esperará que usted invierta $500 o más, pero algunas requieren montos mayores o menores.

Consideraciones clave

Después de que descartó cuentas de corretaje con balances mínimos demasiado altos para usted, tendrá ciertas consideraciones importantes en su mesa.

Corredor tradicional vs Corredor en línea

Tienes dos opciones principales cuando abre una cuenta de corretaje: tradicional o en línea.

Si elige una tradicional, un corredor experimentado le proporcionará ayuda y consejos. Éstos tienen oficinas físicas que puede visitar y, a veces, puede hablar personalmente con el corredor.

Éste es un servicio premium, por lo que sus tasas serán más altas -a menudo, mucho más altas. Recuerde también que las reuniones personales no serán tan probables a menos que invierta mucho dinero.

Para inversores primerizos como usted, una mejor opción sería un corredor de descuentos, o corredor en línea. Se han popularizado en años recientes, y le proporcionan las vías más simples y económicas de invertir en la bolsa.

Con estas cuentas no tendrá acceso personal a un corredor y todo se realiza en línea. Sin embargo, muchas veces tendrán tasas más baratas y balances mínimos menores, y también le darán la conveniencia de hacer todos sus negocios por Internet.

Tasas

Existen varias tasas que tendrá que pagar, sin importar qué tipo de cuenta de corretaje abra:

- La más común es la tasa de transacción. Ésta es la que tendrá que pagar cada vez que haga una transacción. Lo común son $10 cada una, pero puede ser menos.
- Las tasas de retiro son las correspondientes a cada retiro de dinero que hace de su cuenta.

- Las tasas de mantenimiento se suelen pagar cada mes, pero también puede incurrir en ellas por inacción.

- También puede que deba pagar tasas extra por órdenes realizadas por su corredor, como cuando usted quiere que le asista.

Siempre sepa cuáles tasas le cobrarán antes de abrir una cuenta porque éstas pueden hacer una diferencia en sus ingresos.

Algo de lo que debe cuidarse es la tasa de interés de los préstamos que pide a su corredor. Algunos anuncian que tienen tasas de transacción y mantenimiento muy bajas, pero las compensan con tasas de interés altas. Tómelo en cuenta.

Plataforma de comercio

Si decide utilizar los servicios de un corredor en línea, usted tendrá una plataforma de compra/venta para trabajar. Como puede imaginar, algunas son mejores que otras ya que son más fáciles de usar - especialmente para novatos.

Algunas también tendrán más atractivos o herramientas, pero éstas serán más útiles a comerciantes experimentados que para principiantes, así que puede que usted no las necesite -y frecuentemente costarán más dinero.

Entérese de los detalles de las plataformas en los sitios web de los corredores. Investíguelos y determine cuál será la cuenta más adecuada para usted.

Servicios adicionales

Los servicios provistos por los corredores varían. El más común es la compraventa de acciones, que es lo que más le interesa a usted en esta etapa.

Aun así, vale la pena echar un vistazo a los demás servicios que ofrecen porque puede que los necesite dentro de unos años. Estos pueden incluir fondos mutuos o bonos, que podrían interesarle conforme gana experiencia.

Solicite una apertura de cuenta

Después de elegir una cuenta de corretaje, envíe una solicitud para abrirla. Esto puede hacerlo en línea, escribiendo la información requerida. A veces podrá hacerlo en persona.

Todos los procedimientos son levemente distintos, pero frecuentemente tendrá que escribir información personal, así como su identificación y número de Seguro Social.

Capítulo #7: Eligiendo Su Acción

La investigación es fundamental cuando elige qué acciones comprar. No quiere comenzar con el pie izquierdo, así que se recomienda hacerlo lenta y cuidadosamente.

También es buena idea comenzar con poco. A pesar de su entusiasmo, no se vuelva loco e invierta lo que no puede costear. Comience con un monto que no le afecte perder. Incluso si esta pérdida es poco probable, es mejor tener cuidado.

Así que, si decide invertir en las acciones de una compañía en vez de en un fondo colectivo, considere los siguientes factores a la hora de elegir dicha empresa.

Encuentre una compañía que ya conozca

Uno de los mejores consejos para principiantes es ver a una empresa con la que ya estén familiarizados.

No tiene que invertir en ella, pero si le interesa lo que hace y ya conoce el mercado, le será más fácil determinar qué detalles debe a la hora de elegir qué acciones comprar.

Tal vez vio a una empresa en los titulares de la prensa, o posee productos vendidos por ella. Tal vez, solo le parece una compañía interesante y quiere saber más sobre ella.

Evidentemente, no tiene que interesarse en una compañía para comprar sus acciones, pero sí es una gran ayuda cuando se está comenzando.

Obtenga una buena visión general de la empresa

Después de elegir la compañía que investigará, descubra más sobre lo que hace. Debería poder enterarse de mucho gracias al sitio web de la industria o empresa.

Si no entiende muy bien qué hace cierta compañía, sus decisiones a la hora de comprar acciones pueden verse afectadas.

Es por esto que algunos inversores prefieren quedarse en determinados mercados con los que ya tienen experiencia: les permite tomar decisiones bien informadas.

Al igual que con el sitio web de la empresa, también puede conocer más de ella a través de la prensa financiera y foros en línea de buena reputación.

Investigue las cifras de la compañía

Aquí viene lo serio: debe analizar detalladamente a la empresa para saber en qué condición se encuentra.

Esto significa revisar sus estados financieros, los que vimos antes, incluyendo el balance general, y los estados de resultados y de flujo de caja.

Querrá ver el historial de ganancias y los estados trimestrales recientes para hacerse una idea de su crecimiento.

También debería revisar el RPG y leer sus reportes 10-K y 10-Q (reportes anuales y trimestrales).

Su objetivo principal será descubrir la compañía es rentable o no. Esto puede ser complicado, así que es un proceso en el que querrá invertir bastante tiempo - y tal vez quiera obtener ayuda de inversores más experimentados.

Aprenda sobre los altos ejecutivos

Querrá investigar el liderazgo de la empresa tanto como sus números. De nuevo, esto puede hacerlo a través del sitio web, artículos de prensa recientes y búsquedas en línea sencillas.

Intente hacerse una idea de quiénes mandan en la compañía. ¿Tienen buenos antecedentes? ¿Cuánto tiempo tienen en la empresa? Una compañía en la que la directiva va y viene, puede ser una señal de alarma.

Conozca al mercado

También querrá investigar el mercado general en el que compite la empresa. Todas las industrias tienen competencia, pero ésta puede variar mucho.

¿La compañía está en un mercado muy competitivo? ¿Posee la mayor parte del mercado? ¿Es un mercado fragmentado o lo domina una compañía? Éstas son preguntas que debe tomar en cuenta para saber en qué va a invertir.

Tome su decisión

En líneas generales, querrá tener cuidado con las señales de alerta. Por supuesto, para un principiante, esto será más difícil que para un inversor veterano.

Pero si hay algo que alce sospechas, cave más profundo, pregunte a otros inversores y considere seguir adelante si todavía no confía.

Algo que sí debe evitar es pagar por consejos. Puede ser atractivo en esta etapa temprana, pero podrá obtener suficientes consejos en línea, gratis.

Capítulo #8: Penny Stocks

¿Qué son los penny stocks?

Los penny stocks, o acciones de micro-capitalización, son acciones que se comercian por precios mucho menores que las acciones de compañías incluidas en índices como el DOW o NASDAQ.

Todas las empresas que usted ve en los índices mayores tienen capitalizaciones mucho más altas que las compañías categorizadas como penny stocks.

La <u>capitalización del mercado</u> es una de las mayores referencias de índices cuando se trata de segmentar la bolsa de valores. La Comisión de Bolsa y Valores de Estados Unidos reconoce a tres grupos principales de compañías, con base en el tamaño de su capitalización:

- Alta ("large-cap"): compañías valoradas en $10 billones o más

- Media ("medium-cap"): compañías valoradas en por lo menos $2 billones

- Baja ("small-cap", "micro-cap" o penny stock): compañías valoradas en menos de $2 billones

En términos correspondientes a una evaluación de riesgos, las compañías small-cap se consideran como más riesgosas porque no forman parte de los índices más grandes y estables como el NASDAQ. El riesgo es inherente en estas acciones por la naturaleza del mercado y por el tamaño de capitalizaciones de estas corporaciones menores.

No le mentiré: invertir en penny stocks es arriesgado. A pesar de esto, la gran diferencia es que no estará invirtiendo $500 o $200, o incluso $100 en acciones small-cap.

Estas acciones tienen un valor desde $1 hasta $5. La Comisión de Bolsa y Valores de Estados Unidos declara que una compañía es micro-cap si sus acciones tienen un valor de $5 o menos. En algunos índices, una empresa no es oficialmente microcap hasta que el precio de sus acciones haya llegado a $1.

¿Cómo se comercian las penny stocks?

Los penny stocks, acciones "de hoja rosada" o acciones de OTCBB, son comerciadas a través de un sistema de transacción electrónico diseñado (Over-The-Counter-Bulletin-Board), y todavía mantenido, por el NASD. De nuevo, la gran diferencia entre las penny stocks y las compañías large-cap en los índices Dow Jones y NASDAQ es su <u>categoría de riesgo.</u>

Se consideran inversiones arriesgadas porque tienden a ser menos líquidas (i.e. pueden ser más difíciles de vender cuando caen los precios) y han existido casos en los que compañías que ofrecen estas acciones nunca pasaron a formar parte de índices más grandes y estables.

Por ejemplo, si una empresa no pudo subir de nivel e incrementar su capitalización total, se quedará como una compañía micro-cap y podría desaparecer después de un tiempo porque no fue competitiva.

Tome en cuenta que estos riesgos son inherentes al mercado accionario y, en mi opinión, las acciones micro-cap son discriminadas solo por no pertenecer a los índices mayores.

Los riesgos más importantes presentes en los penny stocks también existen en los índices más grandes y, de hecho, puede perder más dinero si comienza en estos porque el costo de las acciones es mucho mayor.

Si invierte estratégicamente, le irá bien tanto con los penny stocks como con las acciones de más valor que se encuentran en las grandes listas.

No obstante, si su capital inicial es bajo, tiene sentido que estudie el mercado cuidadosamente invirtiendo en acciones de OTCBB ya que éstas tienen valores menores e, incluso si son riesgosas, la suma total de dinero involucrado es más baja.

¿Dónde puede encontrar penny stocks?

No podrá conseguirlas en la Bolsa de Nueva York porque esta red suele descartar acciones que no cumplen con sus requisitos de capitalización.

Como mencioné anteriormente, los penny stocks reflejan la situación monetaria de las compañías que las ofrecen. Cuando una empresa es relativamente pequeña y apenas está despegando, su capitalización de mercado será muy baja (menos de $2 billones) o apenas superará los $2 billones.

El comercio de penny stocks se realiza a través de redes de distribuidores o mercados OTC (Over-The-Counter).

Los distribuidores de acciones privados, que se comunican electrónicamente entre unos y otros, dominan estos mercados. Estos distribuidores y corredores son la sangre del mercado OTC -sin ellos, no existiría.

¿Qué tan seguro es el mercado OTCBB?

El Over-The-Counter-Bulletin-Board, al no ser tan estructurado y regulado como la Bolsa de Nueva York, sufrió un bajón que duró más o menos dos años.

En esta época (2000-2002), no había mucha actividad en el área y el valor de comercio total de todas las penny stocks en estos dos años fue de menos de sesenta millones de dólares.

La exorbitante caída del mercado de penny stocks fue ocasionada por otras caídas en el mercado mayor, cuando el DOW bajó 300 puntos. Fueron los dos años más oscuros del mercado de acciones micro-cap -pero al final todo se normalizó.

Antes de este agujero de dos años, el OTCBB estaba infestado de personajes sospechosos que ofrecían malos consejos financieros y atacaban a primerizos que conocían poco sobre el mercado de valores y las acciones micro-cap.

Lo que pasa con los penny stocks es que, aunque cuesten poco en comparación a las acciones de compañías de alta capitalización, igual pueden hacer que pierda dinero si no tiene cuidado.

Cuando este mercado entró en crisis en el 2000, todos esos personajes sospechosos que dominaban las comunicaciones digitales de la red de distribuidores, corredores y agentes desaparecieron eventualmente.

Así como lo lee -se desvanecieron en el aire, porque el dinero estaba siendo desviado hacia los índices mayores. Los inversores se estaban cansado de la volatilidad del OTCBB y la naturaleza de las redes de distribuidores era demasiado inestable.

¡Lo más sorprendente es que la crisis del OTCBB le hizo muy bien al mercado!

Después de que los sospechosos y los "asesores financieros" desaparecieron, el OTCBB en Estados Unidos se purgó y reinició. Hoy en día, este mercado es más robusto y seguro para inversores de cualquier nivel de experiencia.

Actualmente, el OTCBB es una comunidad de distribuidores, corredores e inversores -hizo falta un poco de tiempo para que se recuperara, ¡pero el mercado de hojas rosadas ya está de vuelta en acción!

Capítulo #9: Cómo Hacer Su Primer Intercambio

Ya investigó y está listo para invertir. ¡Genial! Pero, ¿cómo comenzará?

Puede ser algo confuso, pero no es tan complicado. A estas alturas ya debió haber abierto su cuenta y elegido las acciones que comprará, así que aquí tiene lo que debe hacer:

Ponga una orden a través de su corredor

La compra o venta de una acción se llama "ejecución de operaciones". Suena elegante, pero realmente solo significa que es una transacción.

El proceso exacto depende de la cuenta de corretaje que esté utilizando, pero la mayoría del tiempo solo debe poner una orden y esperar a que se realice.

El tiempo que tarda puede variar dependiendo del corredor y el mercado, pero suele ser muy rápido.

Debería comenzar de una forma simple, lo que significa dedicarse solo a comprar acciones. Más adelante podrá venderlas y hacer otros negocios como "ventas cortas" y "compras de cobertura". Por ahora, quédese con la compra de acciones.

Orden de mercado y Orden limitada

Una orden de mercado es el tipo estándar de compraventa. Es una solicitud de compra de acción - o venta- al precio del mercado. El mercado controla cuánto paga o recibe.

Una orden limitada es un poco diferente. Ésta se ejecuta a un precio que usted fija y se mantiene abierta por un período de tiempo. También evita que tenga que vender una acción a un precio que no le convenga.

Sin embargo, las órdenes limitadas cuestan más porque la transacción puede no ejecutarse, en cuyo caso el corredor no obtendría una comisión.

Hay otros tipos de órdenes, como las "órdenes stop", "órdenes stop con límite" y "órdenes de tope dinámico", pero por ahora quédese con la orden limitada estándar.

Capítulo #10: Comprando Penny Stocks Por Primera Vez

¿Está listo para comenzar a comprar penny stocks?

En los capítulos anteriores exploramos las bases del mercado accionario y cómo las acciones de OTCBB entran en juego. Ya vio cómo funciona el mercado de hojas rosadas y lo que acarrea. Existen riesgos que deben considerarse y, como un inversor independiente, depende de usted estimar los beneficios y ventajas de los penny stocks.

Estas acciones son menos líquidas en algunos momentos debido a la escasez de inversores que las compren. Por otro lado, hay casos en los que el mercado de penny stocks es un ambiente acelerado en el que las fortunas se generan continuamente… si usted se mueve suficientemente rápido.

Al igual que la bolsa de valores, el OTCBB es dominado por los movimientos económicos naturales de la época, como el crecimiento doméstico e internacional, etc.

No es una entidad o un mercado separado -es parte de una economía, y crece y disminuye como el mercado accionario principal. La única diferencia es que la capitalización de las compañías que ofrecen las acciones es mucho menor que las que se ofrecen en los índices large-cap y medium-cap.

Si cree que está listo para comenzar a comprar, aquí tiene un conjunto de líneas generales y consejos que le ayudarán a tomar buenas decisiones de inversión en el camino:

1. **Vea el volumen de dólares**

El volumen de dólares en el OTCBB refleja cuánto dinero real se está invirtiendo en acciones de hojas rosadas en cualquier momento determinado.

Es importante que empiece a entrenarse para divisar cambios y tendencias de último minuto, ya que estas pequeñas fluctuaciones ascendentes o descendentes pueden darle mucha información sobre lo que pasa en el mercado.

Cuando el volumen total de dólares del índice de acciones micro-cap que está vigilando crece, quiere decir que está entrando más dinero a las compañías que figuran en la lista. Esto significa que podría venir un movimiento ascendente o ganancia de capitales en los próximos días o semanas, dependiendo de cómo afecte al mercado esta inyección de capital.

Así que, antes de que se emocione, tome en cuenta que un incremento en el volumen de dólares es como si alguien inyectara dinero a todo el mercado. Todas las ganancias capitales que se generen deberían ser monitoreadas de cerca ya que no hay garantía de que el índice de volumen de dólares afecte a la mayoría de las acciones OTCBB.

2. **Use los índices grandes como indicadores del OTCBB**

El Promedio Industrial Dow Jones y el NASDAQ reflejan las ganancias y pérdidas de compañías large-cap y del mercado de penny stocks.

Para recapitular: las compañías large-cap son aquellas con una capitalización total de mercado de 10 billones de dólares o más. Estos son los peces gordos de la bolsa de valores, y son la razón por la que compañías con capitalizaciones mucho más pequeñas son descartadas o desviadas al OTCBB, o mercado de hojas rosadas.

Ahora, puede estar preguntándose: si las acciones micro-cap son excluidas a diario del NASDAQ, ¿por qué el comercio en el OTCBB sigue siendo relevante?

La respuesta es muy simple: las altas y bajas del mercado bursátil general también tienen un gran impacto en los mercados pequeños, como el de acciones de hojas rosadas. Los inversores que parecen enfocarse en el NASDAQ suelen tener inversiones y comercios de alto riesgo, que incluyen acciones micro-cap.

Cuando los índices mayores están en recesión, usted puede estar seguro de que, en poco tiempo, esta tendencia descendente será emulada por los índices menores. Así que, al monitorear al NASDAQ y al DOW, estará vigilando a un mercado que tiene un impacto en las acciones de baja capitalización.

Los comerciantes y los inversores institucionales liquidarán activos de alto riesgo en caso de que ocurra una recesión de gran magnitud.

Cuando las cosas salgan mal, ¿se aferraría usted a acciones riesgosas? No -las liquidaría tan pronto como fuese posible para proteger la integridad de su inversión y de su cartera de valores. El bienestar de su portafolio depende de qué tanto observa las tendencias ascendentes y descendentes. Ésta es la razón principal por la que, cuando hay mucho movimiento en los índices mayores, hay repercusiones en el mercado de hojas rosadas.

3. **Preste mucha atención a posibles gigantes dormidos**

Hubo una época en la que Sony y Nintendo se ajustaban al perfil de una compañía micro-cap… porque no toda empresa nace con una capitalización de mercado de cinco billones de dólares. ¿Recuerda a Steve Jobs y a Los Piratas de Silicon Valley? Jobs exhibió su genio por primera vez mientras trabajaba en el garaje de sus padres.

No habrá sido lo más delicado o sofisticado, pero mire a Apple hoy en día -está arrasando con un imperio multibillonario. Muchos dicen que Apple es un gigante que será duro de derrumbar en los años próximos porque parece tenerlo todo planeado, pero... su sede era un garaje en un tranquilo suburbio, antes de alcanzar su fenomenal tamaño.

Mi punto es que en cada era hay gigantes dormidos. Esto es lo que hace que las penny stocks sean emocionantes. Algunos gigantes pueden levantarse rápidamente -en cuestión de meses o en un año. Algunos siguen durmiendo por mucho más tiempo, pero la capitalización de estas compañías sigue aumentando mientras el precio base de sus acciones se mantiene bajo (como $2.50).

Identificar a estos gigantes es una necesidad si se quiere un mercado OTCBB estable. Existen buenos prospectos en la mezcla, pero algunos se disuelven por falta de ganancias y estabilidad. Sin embargo, cuando consigue a los gigantes que sí llegarán a las grandes listas en algunos años, tiene ganadores a su alcance. Aférrese a las acciones de estas empresas tanto como pueda para, al venderlas, cosechar buenas ganancias.

4. **Elija compañías que siguen las reglas del juego**

Para el momento en el que se escribió esto, La Comisión de Bolsa y Valores de Estados Unidos decidió poner mano dura a compañías sospechosas que no reportan transparentemente sus ganancias a inversores. Éstas son la escoria del mercado de hojas rosadas porque lo convierten en algo problemático; un problema que puede ser eliminado completamente.

Antes de invertir en una compañía micro-cap, revise si sigue las regulaciones vigentes de la Comisión de Bolsa y Valores. Estas empresas deben hacer informes de posición hechos disponibles por el NASD.

Si una compañía que usted cree es una buena opción, pero casi no tiene información financiera disponible y sus reportes están incompletos, probablemente sea una mala elección. Tendrá dificultades a la hora de liquidar sus acciones si termina invirtiendo en una compañía así. De nuevo, las acciones de OTCBB pueden ser riesgosas por la falta de regulaciones estrictas, pero es una alternativa viable para generar más dinero desde, literalmente, solo centavos.

5. Siga la corriente a compañías en transición

Cuando la capitalización de una empresa aumenta y supera la marca de los $2 billones, ésta pasa a formar parte de los índices de compañías médium-cap y large-cap.

Lo interesante es que cuando una empresa hace esta transición a los índices mayores, suele haber dos períodos en los que usted puede sacarle provecho. El primero son los dos meses, o el último, antes de que se haga la transición.

El incremento en el precio de las acciones se debe a la emoción de que, finalmente, una compañía penny stock pudo superar la marca de small-caps y se transformó en una compañía mucho más grande, y con una capitalización más robusta.

Pero aquí está el truco: inmediatamente después del alboroto, los precios de las acciones caerán en picada. A veces la caída será tan severa que los comerciantes de hojas rosadas se quedarán atónitos.

Esto es normal -es parte del flujo natural de las transiciones a un índice mayor. El segundo período que usted debe aprovechar ocurrirá de cuatro a seis meses después. Ocurrirá un incremento repentino -tanto, que podrá triplicar o cuadriplicar el valor de sus acciones en un plazo de dos meses. Después, las tendencias se normalizarán y los valores de las acciones empezarán a seguir las tendencias de los índices.

6. **Comercie sub-penny stocks con extremo cuidado**

Los sub-penny stocks son acciones que están por debajo del rango usual de $1-$5. Considerando esto, es lógico que los sub-penny stocks estén asociados a riesgos más altos, más aún que las acciones de hojas rosadas regulares.

Si son riesgosas, ¿por qué la gente sigue comerciándolas? La respuesta corta es que a la gente le gusta jugar con fuego, y si tienen una pequeña cantidad de dinero que no les importa perder, lo invertirán en sub-penny stocks.

Sin embargo, recuerde que incluso si obtiene ganancias capitales con sub-penny stocks, éstas no serán muy grandes, pero hasta cierto punto, le harán aprender a gestionar riesgos y tomar decisiones rápidas según su conocimiento de las tendencias del mercado. Si le gusta hacer negocios riesgosos porque lo mantiene con la mente activa, entonces explore los sub-penny stocks.

Capítulo #11: Estrategias De Inversión Para Principiantes

A estas alturas, ya usted debe tener una cuenta de corretaje abierta y su primera acción comprada, o tal vez invirtió en un fondo de inversión colectiva. Ahora es un buen momento para pensar en algunas estrategias básicas que le harán continuar con buen paso.

Existen estrategias más avanzadas que podrían servirle en el futuro, pero comience con éstas:

Diversifique

De todas las estrategias, ésta es la más sencilla -y tal vez la más importante.

Imagino que ya conoce la frase "no ponga todos sus huevos en la misma canasta". Esto nunca ha sido más cierto que cuando se compran acciones.

Por eso las inversiones en fondos colectivos son tan buena idea. Su riesgo se distribuye a lo largo de varias compañías así que, si el valor de una cae, no le afectará tanto.

Si elige invertir directamente, asegúrese de que no lo esté haciendo en una sola compañía -incluso en un solo mercado.

No se encariñe

Invertir en el mercado bursátil es algo que debe apasionarle porque más de una vez tendrá que ver detalladamente estados de compañías, investigar, ver reportes de analistas, etc.

Debe interesarle lo que hace.

Sin embargo, no debe involucrarse emocionalmente con sus inversiones. Esto solo le llevará a tomar malas decisiones.

Haga inversiones pequeñas y regulares

Una de las mejores estrategias para principiantes es hacer inversiones pequeñas, y hacerlas frecuentemente.

El concepto de "dollar-cost averaging" se refiere a comprar el mismo monto, en dólares, de una inversión particular a intervalos regulares, semanal o mensualmente. Su beneficio es que le permite evitar hacer sus compras según el precio del mercado.

Las inversiones pequeñas y regulares son mejores que las grandes e irregulares -especialmente cuando está comenzando.

Puede comenzar invirtiendo a menudo en acciones blue chip y aferrándose a ellas. Si compra y venden muy frecuentemente, los costos podrían superar a los ingresos, así que quédese con sus acciones.

Lento pero seguro, así es con las acciones.

Capítulo #12: Consejos De Profesionales En Compraventa De Penny Stocks

¿Cómo negocio con acciones micro-cap?

Cuando se trata de invertir en cualquier acción emitida por una compañía, lo más importante es la evaluación de riesgos.

No puede esperar tener ganancias a largo plazo si no sabe cómo evitar los riesgos de comprar en la bolsa. Si bien las acciones small-cap son más riesgosas que las de compañías de alta capitalización, puede perder dinero igual de fácil en la Bolsa de Nueva York si no sabe cómo manejar su cartera de valores.

Los comerciantes veteranos del mercado OTCBB le dirán que el campo micro-cap no es un lugar en el que invertir sus ahorros. No es el lugar para convertir sus últimos centavos en una fortuna.

Por otro lado, el OTCBB es un espacio público en el que puede invertir cantidades pequeñas de dinero, de forma calculada, con la intención de generar ganancias. Antes de invertir cualquier monto en este mercado, deberá haber investigado y leído libros suficientes para estar seguro de cómo los penny stocks pueden darle lo que quiere.

Esta parte del libro le ayudará a comenzar con algunos consejos de veteranos de las micro-cap que se han enfocado en estas acciones sin tomar en cuenta la condición económica de los índices mayores.

Consejo #1: Analice la bolsa de valores y los grandes índices

A pesar de lo que se dice, las acciones OTCBB son altamente influenciadas por los vaivenes de los índices mayores, los utilizados en la Bolsa de Nueva York y otros mercados. Hay, sin duda alguna, una confluencia robusta entre las acciones de hojas rosadas y las compañías de media y alta capitalización.

¿Qué significa esto para el comerciante de penny stocks?

Alguien quien está en el negocio de las acciones micro-cap debe estar siempre pendiente de cambios significativos en las tendencias de índices como el Promedio Industrial Dow Jones. Cuando se genera una tendencia descendente en las listas mayores, puede estar seguro de que no solo afectará al volumen del mercado OTCBB, sino a los valores accionarios de compañías individuales, aunque estas acciones no tengan relación directa con las del mercado más grande.

¿Por qué las penny stocks se ven afectadas por el mercado bursátil general?

Las acciones de hojas rosadas son vulnerables a los cambios que ocurren en la bolsa de valores porque un gran porcentaje de los inversores micro-cap también invierten en acciones medium-cap y large-cap.

Cuando se genera una tendencia descendente en el mercado, los inversores querrán liquidar las acciones que representen el mayor riesgo al bienestar general de sus carteras de valores. Evidentemente, las acciones de baja capitalización son las más riesgosas así que se liquidan primero.

Consejo #2: Ataque en el momento indicado

¿Cuándo es el mejor momento para comenzar a comprar acciones de una compañía small-cap?

Realmente, no existe una regla de oro cuando se trata de invertir en la bolsa. Después de todo, las acciones son instrumentos financieros y lo que haga con ellas depende de su análisis de su situación personal.

Su decisión de comprar o vender acciones afectará al mercado si un alto porcentaje de inversores hace lo mismo.

Si todavía es un recién llegado a los penny stocks y a inversiones bursátiles, debería ser conservador y cuidadoso al comprar nuevas acciones. Para saber que su inversión es estable, asegúrese de que cumple con estas dos condiciones:

La primera ocurre cuando el volumen total de dólares del mercado OTCBB está alto. Esto puede verificarlo a través de análisis y reportes del mercado como tal.

Si existe un incremento constante en el volumen de dólares, significa que los inversores que se enfocan en el DOW y el NASDAQ están generando enormes ganancias y están vertiendo algo de ese dinero en el mercado small-cap. Este influjo en el volumen de dinero indica que una tendencia ascendente podría generarse en el mercado OTCBB.

Los precios bajos de las acciones indican que no existe una inflación artificial de los valores (cosa aparente justo antes de la burbuja DOTCOM) y es seguro invertir sus propios fondos en acciones de OTCBB. Debe tener mucho cuidado si ocurre un incremento sin precedentes en el volumen de dólares del mercado micro-cap, y los precios de las acciones están por las nubes. Algunos piensan que esto es algo sostenible y que hay muchas compañías de baja capitalización que están a punto de hacer un avance.

¡La historia nos demuestra lo contrario!

De nuevo, recordando el fiasco DOTCOM de los años noventa, aprendimos por las malas que, aunque haya mucho dinero entrando y las compañías small-cap estén gozando de acciones de alto valor y un influjo de nuevos inversores, las cosas se pueden derrumbar en cuestión de semanas.

Es una verdad dolorosa lo que los comerciantes del NASDAQ y del OTCBB tuvieron que afrontar cuando no se dieron cuenta de que la burbuja DOTCOM iba a explotar y todo el mundo seguía tomando champaña.

Consejo #3: Practique con acciones de hojas rosadas

Sé que esto sonará extraño después de que discutimos los riesgos inherentes asociados a las acciones de hojas rosadas, pero: estas acciones son, por mucho, las más baratas del mercado OTCBB. Las acciones micro-cap regulares cuestan $3-$5 por acción. Las de hojas rosadas valen, literalmente, centavos cada una.

La belleza de estas acciones es que, aunque sean naturalmente riesgosas, pueden aprovecharse por el inversor novato como práctica en tiempo real. Si está comerciando acciones por primera vez, no quiere gastar miles de dólares de inmediato.

Le recomiendo invertir $1,000 como máximo si todavía no está muy seguro de lo que hace. He conocido a inversores principiantes que limitaron sus capitales iniciales a unos cientos de dólares los primeros meses para no perder tanto dinero si su cartera de valores terminaba siendo mala.

La ventaja más grande las acciones de hojas rosadas es que su valor puede aumentar rápidamente - ¡si es que se topa con una tendencia ascendente! He visto precios de acciones micro-cap subir 150% en cuestión de días -una ganga, sin duda alguna. Sin embargo, como las acciones de hojas rosadas son inestables, puede ocurrir lo opuesto.

Una acción micro-cap que parece estar a punto de un avance monumental puede perder, de repente, su velocidad y caer en cuestión de semanas. Debe tener cuidado con estos cambios repentinos porque le harán perder dinero.

Otro problema que los comerciantes primerizos deben tener en cuenta es la probabilidad de que tal vez no puedan vender sus acciones de hojas rosadas lo suficientemente rápido si algo sale mal. Existen casos en los que no existen compradores y el inversor se queda varado con sus acciones, que rápidamente pierden valor.

Consejo #4: Investigar bien, vale la pena

En el mundo de las acciones de baja capitalización, el conocimiento vigente de "compañías calientes" puede ser la diferencia entre una mala inversión y una exitosa.

Todos sabemos que los penny stocks tienen mala reputación porque algunas de estas compañías no reportan sus ingresos ni emiten dividendos regularmente. Es un hecho que debemos aceptar si queremos continuar comerciándolas.

La única manera de reducir el riesgo natural asociado a estas acciones es investigando antes de invertir largas sumas de dinero en una compañía small-cap particular.

Ahora, hay casos en los que una compañía de baja capitalización empieza a emitir cantidades absurdas de acciones -millones o billones. Si una de estas empresas no está publicando reportes financieros regularmente, pero continúa emitiendo acciones, ¿debería alejarse usted de los penny stocks?

La respuesta es: depende de lo que descubra. La cuestión es que las compañías sufren de deudas amontonadas, así que cuando generan ganancias, las utilizan para pagar los intereses de estas deudas.

Esencialmente, en este proceso se cancelan las ganancias. Para poder sostener el funcionamiento de la compañía, ésta puede <u>diluir su capital</u> emitiendo más acciones a menor precio para asegurar que más inversores le ayuden a reunir el capital necesario para seguir operando.

Es difícil decir que una compañía es mala solo porque pretende pagar sus deudas para no salir del juego -así que buscamos otras respuestas.

Si una compañía es una marca global que distribuye muchos bienes, pero no está avanzando en el mercado de penny stocks, existe una alta probabilidad de que sus acciones sean prometedoras, porque las corrientes de la fortuna pueden cambiar cualquier día.

Consejo #5: Tengan cuidado de los foros de discusión del mercado OTCBB

En la actualidad, la gente tiende a recurrir al Internet cuando necesite información con urgencia. Es la fuente más barata y accesible de "trucos y consejos" - lo que lo convierte en una referencia potencialmente problemática. Esto aplica, particularmente, a los foros relacionados al OTCBB, a donde acuden los inversores nacientes para buscar "acciones calientes" y otros consejos.

Cuando comencé a comerciar acciones también visité estas páginas web porque quería saber en qué se enfocaba la gente en ese momento. Descubrí, temprano, que los foros pueden ser útiles si se es selectivo en lo que se cree y en cómo utilizar la información.

Existen dos cosas de las que debería tener cuidado a la hora de buscar información en los foros de OTCBB:

1. **Publicaciones spam**

Tenga cuidado de individuos que publican nuevos hilos a diario utilizando cuentas diferentes. Los llamo "bots de acciones" y no tienen nada nuevo o útil que ofrecer. Muchos solo están buscando formas de estafar a nuevos inversores.

Tenga cuidado de nuevos hilos y quédense en los viejos que tengan muchas vistas y respuestas, ya que estos son tienen mejor moderación y gente real interactuando.

Los sistemas de ranking de foros son mejores hoy en día, y si un foro está ganando dinero con anuncios publicitarios, puede estar seguro de que tiene administradores activos que vigilan qué hacen los usuarios.

2. **"Stock bashing"**

Ésta es una práctica sumamente común en los sitios web de comercio bursátil. La gente la utiliza para influenciar cómo otros compran y venden acciones de compañías específicas.

El stock bashing rara vez tiene efectos sobre compañías de media o alta capitalización. Sin embargo, el panorama es muy distinto cuando hablamos de compañías micro-cap.

Muchas de estas empresas ofrecen solo unos miles de acciones. Si la gente vende simultáneamente estas acciones por algo que leyeron en un foro, puede ocasionar mucho daño al valor de las mismas.

Por supuesto, depende de los inversores analizar el stock bashing que ocurre en los foros; no va a parar pronto porque es parte de la cultura de comercio en línea.

Siempre y cuando alguien no esté diciendo cosas evidentemente difamatorias, esa persona puede seguir insinuando que una compañía se va a retirar en cuestión de semanas. Si muchos creen este rumor, los inversores podrían actuar según lo que dicen estas "noticias".

Consejo #6: No actúe con prisa

El mercado OTCBB es un poco diferente del mercado general cuando se trata de emitir órdenes. Los precios iniciales y de oferta representan la "guerra" entre quienes hacen al mercado y los inversores mismos.

Cuando el precio inicial incrementa debido a una tendencia, es posible que le estén engañando para que pague más por una acción particular. Ya que los penny stocks son baratos, se verá tentado a ceder ante ese precio inicial solo para tener nuevas acciones en su portafolio.

¡No deje que quienes mueven al mercado se aprovechen de usted! Los expertos suelen permitir que sus órdenes se mantengan abiertas en vez de ceder ante precios iniciales inflados. De nuevo, si no hay una tendencia concreta que pueda generar ganancias para usted, ¡no presione el botón de "comprar" todavía!

Capítulo #13: Ganando Dinero En Tiempos Difíciles

¿Cómo puede seguir generando ganancias aunque los tiempos se pongan duros?

El mercado bursátil tiende a ser el primero en sufrir mucho cuando ocurren recesiones y otras bajas económicas. Los comerciantes accionarios temen por su dinero cuando las cosas no van bien y, como un inversor naciente, puede que se sienta desesperanzado cuando el mercado de penny stocks empiece a comportarse erráticamente y su portafolio se convierta poco a poco en una potencial pérdida.

No se preocupe: existen maneras de burlar estas fases económicas precarias y salir victorioso comerciando penny stocks y hasta acciones regulares. Aquí van algunos consejos de comerciantes veteranos para soportar la tormenta y mantener un flujo de dinero, incluso si otros inversores están vendiendo sus acciones por miedo a perder mucho dinero.

1. **Estudie tendencias de largo plazo -** Si quiere invertir una buena parte de su dinero en ciertas acciones, puede tomar una decisión sólida basándose en las tendencias de largo plazo de éstas.

Se considera que una acción está en buen estado cuando el volumen de dinero que se le añade está en una tendencia ascendente por meses y se mantiene antes de que ocurra el siguiente incremento.

Si el punto máximo de este volumen de dólares se repite a menudo en el transcurso de unas semanas, existe una buena probabilidad de que la acción sobrepase este punto y siga subiendo.

El punto más bajo de una acción también debería ser consistente; cualquier bajón pronunciado puede significar problemas. Esta información solo tendrá sentido si puede analizar múltiples puntos de una acción en un período de al menos seis meses.

2. **Olvídese de las compras compulsivas -** Cuando un inversor está a punto de perder dinero, suele comprar compulsivamente. Esto puede ser más conveniente hoy en día gracias

a la disponibilidad de plataformas de intercambio electrónicas, en las que los comerciantes solo deben presionar botones para comprar o vender acciones.

Este acercamiento compulsivo solo resultará en más perdidas que en ganancias a largo plazo. Si usted se asusta fácilmente por noticias negativas, entonces tal vez sea mejor que evite acudir a foros ya que no hay escasez de tal "información" en estos lugares del Internet.

Estudie sus posiciones y solo actúe si sabe que está entrando en una tendencia fuerte que le dará buenos ingresos. Si no es así, manténgase donde está y continúe estudiando la tendencia general del mercado. Solo a través de autocontrol y cautela a la hora de comprar madurará como inversor.

3. **Lidiando con fluctuaciones de corto plazo -** Una de las razones principales por las que los inversores novatos se sienten abrumados por los intercambios electrónicos es la volatilidad del mercado y las infinitas variaciones de corto plazo que ocurren en los índices a lo largo del año.

Muchos inversores se agotan y sobrecargan con todos los minúsculos ajustes que tienen que hacer solo para evitar los efectos de estas fluctuaciones. Para no ser uno de ellos, concéntrese en ganancias a largo plazo. Si invirtió en acciones de compañías relativamente estables, no hay necesidad de perder la cabeza comprando y vendiendo acciones uno que otro cambio menor.

Capítulo #14: Conclusiones

¡Comience ya!

Por último, no posponga su meta de invertir en el mercado bursátil. Es muy fácil seguir postergándola para cuando tenga más tiempo o para cuando sepa más sobre la bolsa de valores.

Pero, como hemos visto, no debe comenzar en grande. Dé el primer paso con inversiones pequeñas pero regulares, tal vez en un fondo colectivo, y empiece a ver los ingresos.

Comience lentamente y aprenda mientras avanza - pero no lo posponga. Recuerde, ésta es una vía para generar riquezas a largo plazo, así que mientras más rápido comience, ¡mejor!

¡Felices inversiones!

www.ingramcontent.com/pod-product-compliance
Lightning Source LLC
Chambersburg PA
CBHW070201230526
45471CB00002B/773